Christian Tielmann • Sabine Kraushaar

Ich bin mutig!

Geschichten für starke Kinder

CARLSEN

Max
ist in seiner Familie der Kleinste,
hat aber oft die größten Ideen.
Und für alle Fälle hat er seine
kleine Taschenlampe immer dabei.

Mama und Papa
sind die Eltern von Max
und Felix.

Felix
ist der große Bruder von Max.
Manchmal ärgert er Max.
Aber wenns drauf ankommt,
halten die Jungs zusammen.

Pauline
ist die beste Freundin von Max.
Gemeinsam denken sie sich die
tollsten Spiele aus.

Kuschel
ist das Lieblingskuscheltier
von Max.

Ben und Lotta
sind Kita-Freunde von Max und Pauline.
Am liebsten spielen alle zusammen Piraten
oder Baustelle.

1 Max lernt Rad fahren

2 Max kommt in die Schule

3 Max fährt zu Oma und Opa

1

Max lernt Rad fahren

Max klingelt wie verrückt und ruft: „Achtung, klar zum Start! Drei, zwei, eins, null – Rakete los!"
Dann saust er mit seinem Laufrad über den Hof.
„Du willst eine Rakete sein?", fragt sein großer Bruder Felix. „Ich zeig dir mal, wie schnell eine echte Rakete fliegt!"
Felix ist mit seinem Fahrrad wirklich viel schneller als Max mit seinem Laufrad. Auch Max' allerbeste Freundin Pauline kann schon Fahrrad fahren.
„Ich brauche ein Fahrrad", murmelt Max.

In der Garage findet Max das alte Fahrrad von Felix.
„Kann ich das haben?", fragt er seinen großen Bruder.
Felix lacht. „Klar, den Schrotthaufen schenk ich dir! Aber ich glaube nicht, dass du damit noch fahren kannst!"
Auch Pauline guckt sich das Fahrrad genau an. „In den Reifen fehlt jedenfalls Luft."
Max setzt die Luftpumpe auf das Ventil und pumpt.
Aber die Luft zischt direkt wieder heraus.
„Das ist ein Platten!", sagt Felix.
Auch der Rest des Fahrrads sieht nicht gut aus: Die Schutzbleche sind total verbogen und die Klingel fehlt.
„Ich brauche ein neues Fahrrad!", sagt Max.

Max' Mutter sagt: „Ein neues Fahrrad ist teuer. Aber vielleicht kriegen wir ja das alte von Felix wieder flott!" Mama zeigt Max, wie man das Vorderrad ausbaut. Dann holt sie den Schlauch aus dem Reifen.
„Pump mal den Schlauch auf, Max!"
Max pumpt, während seine Mutter einen Eimer Wasser holt.
„Wozu brauchen wir denn das Wasser?", fragt Max. „Willst du das Fahrrad etwa waschen?"
Max' Mutter lacht. „Gute Idee. Aber erst flicken wir den Reifen."
Sie taucht den Schlauch unter Wasser. An einer Stelle blubbern Luftblasen aus dem Schlauch. „Da haben wir ja das Loch!"

Auf diese Stelle darf Max einen Fahrradflicken kleben. Sie bauen das Rad wieder ein, pumpen den Reifen auf und biegen die Schutzbleche zurecht.

„Kann ich jetzt losfahren?“, fragt Max. „Erst mal müssen wir dir den Sattel und den Lenker richtig einstellen“, sagt seine Mutter. „Und du brauchst deinen Helm! Der passt noch.“

Sie holt einen Schraubenschlüssel aus dem Werkzeugkasten und stellt den Sattel so ein, dass Max mit beiden Füßen auf den Boden kommt. „Genau wie beim Laufrad!“, freut sich Max.

„Hallo, Max!“ Papa kommt von der Arbeit nach Hause. „Kannst du die gebrauchen?“
„Supergut!“, ruft Max und schraubt die Klingel, die sein Vater ihm mitgebracht hat, sofort an den Lenker.

„Drei, zwei, eins, null – Rakete los!“, ruft Max. Aber Mama sagt: „Stopp, Max! Fahrradfahren muss man üben, üben, üben. Wenn du es dann kannst, darfst du von mir aus Rakete spielen.“
Während Max die Füße auf die Pedale stellt, hält Mama ihn an der Schulter fest. Sie schiebt ihn ein bisschen an und Max tritt in die Pedale. Er versucht das Gleichgewicht zu halten.
Am Anfang wackelt das Fahrrad noch ganz schön. Aber Max übt und übt und übt. Kurz vor dem Abendessen kann er schon ein Stück alleine fahren. „Super!“, ruft Mama.

Am nächsten Morgen will Max direkt wieder auf sein Fahrrad. „Na, dann zeig mal, was du schon kannst“, sagt Papa. Er schiebt Max beim Losfahren noch an und schon dreht Max seine erste Runde über den Hof.
„Kannst du auch bremsen?“, ruft Papa. „Na klar!“, sagt Max. Er stellt einfach die Füße auf den Boden. Genau wie beim Laufrad. Und das bringt Max auf eine Idee! Zum Losfahren nimmt er auch genau wie beim Laufrad mit den Füßen Schwung. Erst dann stellt er die Füße auf die Pedale und trampelt weiter. Ganz ohne Papas Hilfe. „Klasse!“, sagt Papa.

Pauline staunt nicht schlecht, als sie auf den Hof kommt. „Hast du etwa über Nacht Fahrrad fahren gelernt?"
„Allerdings!", sagt Max. Nur zum Bremsen benutzt er noch immer seine Füße.
„Du hast doch einen Rücktritt!", sagt Pauline. Sie zeigt Max, wie sie bremst: Statt mit den Pedalen vorwärts zu trampeln, tritt sie ein Pedal vorsichtig nach hinten – schon bremst das Rad.

Bei Max' erstem Bremsversuch läuft Papa lieber wieder neben ihm her. Max merkt, wie stark die Rücktrittbremse ist. „Das muss ich üben, üben, üben", sagt er.

Als auch Felix auf den Hof kommt, will Max endlich eine Rakete sein. Er klingelt mit der nagelneuen Klingel.
Dann ruft er: „Achtung, klar zum Start! Drei, zwei, eins, null – Rakete los!“

Max nimmt Schwung mit den Füßen, stellt einen Fuß auf die Pedale, rutscht ab und landet plötzlich auf dem Boden. „Autsch!“ Felix läuft sofort zu ihm. „Bist du verletzt?“
„Nö!“, sagt Max und steht wieder auf. Er hat sich nur erschrocken. Trotzdem ärgert Max sich, weil er keine tolle Rakete war.
„Ich bin am Anfang auch oft hingefallen“, tröstet ihn Felix.
Pauline sagt: „Ich auch! Drei Hosen sind mir dabei kaputtgegangen.“

Felix malt mit Straßenmalkreide eine große Acht auf den Hof. „Da können wir Kurven fahren üben“, sagt er.
„Quatsch!“, sagt Pauline. „Das sind keine Kurven. Der erste Kreis ist der Mond, der zweite ist die Erde, und wir sind die Raketen, die drum herumfliegen!“
Eine super Idee, findet Max. Er nimmt Schwung und kurvt immer schön um die Erde und den Mond herum. Mit jeder Runde wird Max sicherer. Und wenn er anhalten will, bremst er mit dem Rücktritt.

Am Sonntag will Papa joggen. „Kann ich mitkommen?“, fragt Max. Papa runzelt die Stirn. „Aber ich bin doch viel zu schnell!“, sagt er. „Quatsch!“, sagt Max. „Ich nehme natürlich mein Raketen-Fahrrad!“ Das ist eine gute Idee, findet Papa.

Er läuft und Max fährt auf seinem Fahrrad nebenher. An jeder Straße bremst Max. Dann gucken er und Papa nach den Autos: erst links, dann rechts und dann wieder links – und nur wenn dann kein Auto kommt, überqueren sie die Straße.

Max kann jetzt schon richtig gut Fahrrad fahren. Am Wochenende macht die ganze Familie eine Fahrradtour. Mama hat eine gute Strecke ausgesucht. Es geht fast nur über Feldwege, auf denen keine Autos fahren. Aber plötzlich macht Felix schlapp.
„Irgendwas stimmt nicht mit meinem Fahrrad!“, sagt er.
„Oh nein, du hast einen Platten, Felix“, sagt Papa.
„Kein Problem“, sagt Max.

„Mit Platten an deinen Fahrrädern kenn ich mich ja aus!“

Ende

2

Max kommt in die Schule

Max' Eltern haben einen Brief von der Stadt bekommen. „Nach den Sommerferien kommst du in die Schule, Max!", sagt Papa.
„Super!" Max springt vor Freude fast vom Stuhl. Denn er will endlich lesen, schreiben und rechnen lernen. Seinen Namen kann er schon ganz gut schreiben.
„Du bist doch noch gar nicht schulreif!" Felix, der große Bruder von Max, schüttelt den Kopf. „In der Schule muss man nämlich stillsitzen. Das schaffst du doch nie im Leben!"
„Oh doch!", ruft Max. „Ich kann super stillsitzen!"

Am Nachmittag kommt Pauline, Max' beste Freundin, zu Besuch. Ihre Mutter hat auch einen Brief von der Stadt bekommen. In dem steht, dass Pauline nach den Sommerferien auch in die Schule kommt! „Da müssen wir schon mal stillsitzen üben!", sagt Max. Er holt Zorro, sein Kaninchen, aus dem Stall. „Zorro ist unser Lehrer!", sagt Max.

„Ich glaube, es ist besser, wenn wir die Lehrer sind und Zorro muss stillsitzen!“, schlägt Pauline vor.
Das ist eine prima Idee, findet Max. Aber Zorro kann ganz und gar nicht stillsitzen. Er hoppelt einfach weg.
„Wahrscheinlich ist der noch nicht schulreif“, überlegt Max.

Eine Woche später gehen Max und sein Vater zur Anmeldung in die Grundschule.
Frau Köhler, die Schulleiterin, begrüßt Max. Sie fragt ihn, ob er weiß, wo links und wo rechts ist. Klar, das weiß er.
„Und ich habe stillsitzen geübt!“, sagt Max. „Mit Pauline und Zorro! Pauline kommt auch in die Schule.“
„Wollt ihr zusammen in eine Klasse gehen?“, fragt Frau Köhler.
„Unbedingt!“, sagt Max.
Die Schulleiterin schreibt sich das auf und wühlt in ihren Papieren. „Aber ein Zorro ist bei uns nicht angemeldet.“
Max lacht. „Zorro ist mein Kaninchen. Das ist noch nicht schulreif!“

Nach der Anmeldung wird Max von einem Arzt untersucht. Doktor Hahnemann macht mit Max einen Sehtest und einen Hörtest. „Du hast gute Ohren und wahre Adleraugen!“, sagt Herr Hahnemann. Dann zeigt er Max verschiedene Karten. Max muss sagen, wie die Gegenstände auf den Karten heißen.

Zum Schluss soll Max auf einem Bein hüpfen und auf einer Linie am Boden balancieren.
„Wozu das denn? Ich dachte, in der Schule muss man stillsitzen!“, sagt Max.
Doktor Hahnemann lacht. „Nur im Unterricht.“
Max hüpft und balanciert. Der Arzt ist zufrieden: „Du bist schulreif.“

In der nächsten Nacht kann Max nicht schlafen. Er hört seine Eltern im Wohnzimmer reden und schleicht sich rüber. Max guckt heimlich um die Ecke.
Seine Mama bastelt etwas aus einem großen Stück Pappe. Sie schneidet eine Sonne, Blumen und sogar ein Kaninchen aus Filz aus. Die Figuren klebt sie auf die Pappe.

Papa bastelt auch. Er hat ganz viel schwarze Pappe. Wenn Max sich nicht verguckt hat, wird das ein Zylinder! Aber wozu braucht Papa den denn?

Einige Wochen später kommt wieder ein Brief. Diesmal direkt von der Grundschule. „Du kommst in die 1 a“, sagt Mama. „Und Pauline?“, fragt Max. Seine Mama zuckt mit den Schultern. „Das steht hier nicht.“ Aber da klingelt schon das Telefon, und Pauline ist dran: „Max, Max! Ich komme in die 1 a! Du auch?“ „Super! Ich auch!“, ruft Max. Jetzt kann er es kaum erwarten, dass die Schule endlich losgeht. In dem Brief steht auch noch, dass Mama oder Papa zum ersten Elternabend in die Schule kommen soll.

Beim Elternabend haben Max' Eltern eine lange Liste bekommen, auf der steht, was Max alles für die Schule braucht. Er bekommt viele neue Sachen: Buntstifte, Bleistifte und einen Radiergummi, ein Federmäppchen, einen Zeichenblock, Schulhefte, einen Tuschkasten und Pinsel. Felix bekommt auch ein neues Federmäppchen, weil sein altes so zerfetzt ist.

„Und wo sollen die ganzen Sachen rein?", fragt Max.

„Die kannst du in eine alte Plastiktüte packen", schlägt Felix vor.

Aber am Nachmittag bringt Opa ein Geschenk für Max: „Kannst du so was gebrauchen?"

„Na klar!", ruft Max. Der Schulranzen sieht prima aus!

Kurz vor dem Ende der Sommerferien üben Max, sein Vater und Pauline den Schulweg. Er ist nicht sehr weit, aber sie müssen eine Straße überqueren.
„Ihr geht bitte nur am Zebrastreifen über die Straße!", sagt Papa sehr ernst. „Und denkt dran: Ihr müsst auch am Zebrastreifen nach den Autos gucken! Erst links, dann rechts, dann wieder links. Und wenn dann kein Auto kommt, könnt ihr über die Straße gehen!"
Das wissen Max und Pauline schon längst. „Außerdem ist doch Felix dabei und der guckt immer nach Autos!", sagt Max.
„Ihr müsst es aber auch alleine können!", sagt Papa. Und da hat er irgendwie recht, findet Max.

Plötzlich sind die Sommerferien vorbei und der große Tag ist da! Max ist ganz früh morgens aufgewacht. Heute wird er endlich ein Schulkind! Schon beim Frühstück hat seine Mutter verraten, was sie für Max gebastelt hat: eine riesengroße Schultüte! Max würde am liebsten gleich nachgucken, was drin ist, aber das gilt nicht. Die Schultüte darf er erst nach der Schule aufmachen. Opa und Oma wollen Max an seinem Einschulungstag begleiten. Felix hat sich schwarze Sachen angezogen.

„Was ist denn mit dir los? Bist du heute etwa der Schiedsrichter?“, fragt Opa. Aber Felix flüstert nur: „Schulgeheimnis!“

Die Erstklässler werden von ihren Klassenlehrern an der Schultür abgeholt. Die Lehrerin der Klasse 1 a ist Frau Geisburg. „Eure Eltern warten draußen. Die können ja schon lesen und schreiben."
Frau Geisburg schließt die Klassenzimmertür.
„Ich habe für jeden ein Namensschild geschrieben. Guckt mal, ob ihr eure Plätze findet!"
Max findet seinen Platz sofort. Neben ihm sitzt Pauline! Gegenüber sitzt ein Mädchen, das Salima heißt.
Und ein Junge, den Max vom Spielplatz kennt: Nico.
Frau Geisburg verteilt an alle Kinder den Stundenplan.
Dann liest sie eine Geschichte vor.
„Und wann lernen wir endlich selber lesen?", fragt Max.
„Ab morgen", sagt Frau Geisburg. „Heute feiern wir nur noch!"

Die Aula ist geschmückt. Es gibt Kuchen und Kakao. Und die Dritt- und Viertklässler haben sogar ein Theaterstück für die Erstklässler vorbereitet. Das ist lustig, weil sich darin ein Lehrer im Schulhaus verläuft und schließlich im Schornstein landet. Da muss der Schornsteinfeger ihn retten.

Und dieser Schornstcinfeger ist – Felix! Nach der Aufführung klatscht Max wie verrückt. Sein großer Bruder war ein super Schornsteinfeger! „Jetzt müssen wir aber nach Hause!“, sagt Mama. „Morgen ist ja schon wieder Schule.“

Zu Hause darf Max sie endlich aufmachen – die Schultüte! Da sind nicht nur jede Menge Süßigkeiten und ein Buch drin, sondern auch ein Flummi.

„Danke, Mama. Danke, Papa. Danke, Felix“, ruft Max. „Erster Schultag ist super!“

Ende

3

Max fährt zu Oma und Opa

Max und sein großer Bruder Felix dürfen am Wochenende zu ihren Großeltern fahren. Nur die beiden Geschwister – ganz allein. Das finden sie super.
„Pack deinen Hammer ein, Max!“, ruft Felix. „Bei Oma und Opa gibt’s immer was zu tun!“
Wie gut, dass Max einen großen Bruder hat. Seinen Hammer hätte er glatt vergessen. Er hat nur an seinen Schlafanzug, die Zahnbürste, seinen Kuschelhasen und natürlich an die Taschenlampe gedacht.
„Oma und Opa haben genug Hämmer in der Werkstatt“, sagt Mama.

Aber Max und Felix sind sich einig: „Unsere sind besser!“ Mama seufzt. „Also gut. Nehmt sie mit. Aber reißt nicht das ganze Haus ab!“

Mama und Papa bringen Max und Felix zum Bahnhof. Opa wartet schon auf dem Bahnsteig. Er ist extra mit dem Zug gekommen, um Max und Felix abzuholen. „Hallo, Männer!“, sagt Opa fröhlich wie immer.

Da kommt der Zug schon eingefahren. Opa, Max und Felix klettern in den Wagen und finden auch gleich drei freie Plätze. Der Schaffner pfeift und die Türen schließen sich automatisch. „Vergiss das Aussteigen nicht!", ermahnt Mama ihren Vater. „Viel Spaß und gute Fahrt, ihr drei!" Mama und Papa winken. „Bis Sonntag!"
In Max' Bauch kribbelt es vor Aufregung! Endlich darf er verreisen – mit Felix und Opa!

Die Fahrt mit dem Zug vergeht wie im Flug. Max und Felix haben kaum ihren Proviant aufgegessen, als sie auch schon die Jacken anziehen und aussteigen müssen.

„Wo ist Oma?“, fragt Max. „Die wartet zu Hause“, antwortet Opa. Das Haus von Oma und Opa ist das schönste Haus, das Max kennt: Es ist uralt und es gibt nicht nur einen großen Garten, sondern auch eine Werkstatt und ein kleines Haus für die Hühner.

Max und Felix dürfen wie immer im kleinen Zimmer ganz oben unter dem Dach schlafen. Die beiden Betten haben früher Max' Mutter und ihrem Bruder, Onkel Micha, gehört.

Zum Mittagessen gibt es Spaghetti.
„Wollt ihr mir nach dem Essen helfen, die Küche zu streichen?“, fragt Oma. Die Tomatensoße hat nämlich ganz schöne Spritzer an den Wänden hinterlassen.
„Nö, wir wollen was hämmern“, sagt Max.
„Wir können ja das alte Spielhaus von eurer Mutter herrichten“, schlägt Opa vor. „In der Werkstatt finden wir bestimmt alles, was wir dafür brauchen.“

In ihrem Garten bauen Oma und Opa Gemüse und Obst an. Die Hühner laufen frei auf der Wiese herum. Und unter dem alten Apfelbaum steht das Spielhaus, in dem die Mama von Max und Felix als Kind gespielt hat.
„Sollen wir das abreißen?“, fragt Felix. Denn das Haus hat einen Dachschaden und die Tür geht auch nicht mehr zu.
„Ich will lieber etwas hämmern“, sagt Max.
„Zum Hämmern habe ich was in der Werkstatt“, sagt Opa. Er holt die Kiste mit den Nägeln raus.

„Na, Jungs, habt ihr Lust auf ein kleines Wetthämmern?“, fragt Opa und sucht ein paar schöne dicke Nägel raus.

„Dürfen wir echte Nägel in die Balken hämmern?“, fragt Max.
„Na klar!“, sagt Opa. „Da kann ich dann meine Zangen dranhängen.“
Max nimmt sich einen großen Nagel. Er klopft den Nagel vorsichtig ein Stück in den Balken.
„Jetzt Finger weg und volle Kanne!“, feuern Opa und Felix ihn an.
Max holt mit dem Hammer aus. Er schlägt zu.
Dummerweise haut er daneben und der Hammer landet in der Wand.
Und da bleibt er stecken! „Au Backe“, sagt Max. Der Hammer hat ein Loch in die Werkstattwand geschlagen.

„Was ist denn mit euch los?“, fragt Oma, als Max, Felix und Opa in die Küche schleichen.
„Das war keine Absicht“, sagt Max. Vor lauter Aufregung hat er ganz vergessen zu sagen, was überhaupt passiert ist.
„Was habt ihr denn angestellt?“, fragt Oma.

„Ich hab aus Versehen ein Loch in die Wand gehauen“, sagt Max. „Wir mussten ein bisschen hämmern“, erklärt Opa. Oma guckt wie ein Nilpferd, findet Max. Aber dann kommt sie mit und schaut sich die Bescherung in der Werkstatt an.

„Mensch, hast du aber viel Kraft, Max!“, staunt Oma. Opa zieht Max’ Hammer aus der Wand. „Kann man das reparieren?“, fragt Max. Opa nickt. „Aber ihr müsst helfen!“

Oma rührt Fertigmörtel mit Wasser zusammen. Den Mörtel schmiert sie mit einer Kelle in das Loch. Max und Felix helfen beim Glattstreichen. „Ich weiß, was wir abreißen können", flüstert Opa Max und Felix zu. „Das Hühnerhaus! Das fällt nämlich beim nächsten Sturm sowieso um."
„Dürfen wir echt?", fragt Felix. Opa nickt. „Aber nur, wenn ich mitmachen darf!"

„Sind alle Hühner weg?“, fragt Opa. Max guckt noch einmal in das morsche Hühnerhaus. Darin sitzt kein Huhn und es liegt auch kein Ei mehr herum. „Der Jüngste mit den Bärenkräften fängt an“, sagt Opa. Max holt mit seinem Hammer aus.

„Volle Kanne!“, rufen Felix und Opa, während Max’ Hammer auf das Hühnerhaus saust. Max haut ein schönes Loch in die Wand. „Bravo!“, ruft Opa. Dann darf auch Felix loslegen. „Klasse!“, sagt Opa. So richtig zerlegt wird das Haus aber erst, als Opa mit seinem dicken Vorschlaghammer zuschlägt.

„Und wo sollen jetzt die Hühner übernachten, ihr Spezialisten?", fragt Oma, als sie den Krach im Garten hört. „Vielleicht in der Werkstatt?", fragt Opa. Aber Max hat eine viel bessere Idee: „Die können doch das Spielhaus von Mama haben!" Das finden Oma und Opa auch gut. „Das wird ein schickes Hühnerhotel", sagt Opa. „Aber das Dach ist nicht ganz dicht", sagt Oma. „Das können wir doch reparieren", schlägt Max vor. „Da hämmern wir ein paar schöne Bretter drauf!", sagt Felix.

Als die Eltern von Max und Felix am Sonntag kommen, um ihre Jungs abzuholen, staunt Mama: „Mensch, habt ihr etwa mein altes Spielhaus renoviert?“
Das Dach ist dicht, die Fenster haben Gardinen und das ganze Spielhaus ist sogar frisch gestrichen. „Das sieht ja toll aus“, sagt Papa. „Habt ihr darin übernachtet?“ Aber Max und Felix schütteln die Köpfe.

Und Oma und Opa grinsen, als Max sagt: „Mensch, Papa, Felix und ich übernachten doch nicht …“

„… im Hühnerhotel!“

Ende

Christian Tielmann

wurde 1971 in Wuppertal geboren und lebt heute mit seiner Familie in Detmold. Er studierte Philosophie und Germanistik in Freiburg und Hamburg. Seit 1999 schreibt er Bücher für Kinder, Jugendliche und Erwachsene, die mehrfach ausgezeichnet wurden.
Schon während seines Studiums hat er angefangen, sich Geschichten von Max auszudenken. Inzwischen sind über zwanzig Bücher über Max und seine allerbeste Freundin Pauline erschienen, die weltweit in einem Dutzend Sprachen gelesen und vorgelesen werden.

Sabine Kraushaar

wurde 1972 in Maastricht geboren und wollte von klein auf malen und zeichnen. Nach dem Studium an der Kunstakademie in Maastricht machte sie sich als freie Illustratorin selbstständig und hat seitdem viele schöne Kinderbücher veröffentlicht. Max und Pauline gehören inzwischen schon fast zu ihrer Familie. Und drei echte Kinder hat Sabine Kraushaar auch noch!

Starke Alltagsgeschichten

ISBN 978-3-551-51976-4
€(D) 12,00 | €(A) 12,40

ISBN 978-3-551-51974-0
€(D) 12,00 | €(A) 12,40

ISBN 978-3-551-51977-1
€(D) 12,00 | €(A) 12,40

ISBN 978-3-551-51927-6
€(D) 12,00 | €(A) 12,40

ISBN 978-3-551-52323-5
€(D) 12,00 | €(A) 12,40

ISBN 978-3-551-51981-8
€(D) 12,00 | €(A) 12,40

ISBN 978-3-551-51980-1
€(D) 12,00 | €(A) 12,40

ISBN 978-3-551-51979-5
€(D) 12,00 | €(A) 12,40

ISBN 978-3-551-51982-5
€(D) 15,00 | €(A) 15,50

Mein Freund Max

für starke Kinder

ISBN 978-3-551-08671-6
€(D) 3,99 | €(A) 4,10

ISBN 978-3-551-08674-7
€(D) 3,99 | €(A) 4,10

ISBN 978-3-551-08313-5
€(D) 3,99 | €(A) 4,10

ISBN 978-3-551-08684-6
€(D) 3,99 | €(A) 4,10

ISBN 978-3-551-08418-7
€(D) 3,99 | €(A) 4,10

ISBN 978-3-551-08964-9
€(D) 3,99 | €(A) 4,10

ISBN 978-3-551-08672-3
€(D) 3,99 | €(A) 4,10

ISBN 978-3-551-08104-9
€(D) 3,99 | €(A) 4,10

ISBN 978-3-551-08463-7
€(D) 3,99 | €(A) 4,10

ISBN 978-3-551-08820-8
€(D) 3,99 | €(A) 4,10

ISBN 978-3-551-08870-3
€(D) 3,99 | €(A) 4,10

ISBN 978-3-551-08813-0
€(D) 3,99 | €(A) 4,10

CARLSEN www.carlsen.de

ISBN 978-3-551-52328-0
Umschlagillustration: Sabine Kraushaar
Lektorat: Anja Kunle
Lithografie: ReproTechnik Ronald Fromme, Hamburg

Dieser Titel enthält die Einzeltitel *Max lernt Rad fahren*,
Max kommt in die Schule und *Max fährt zu Oma und Opa*